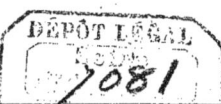

CAHIER-GUIDE
POUR
LA CONJUGAISON
DES VERBES
appartenant à l'Élève

Déposé CONFORMÉMENT à la loi.

Propriété DES Éditeurs.

PAPETERIE CLASSIQUE DE J. GARNIER, ÉDITEUR | LIBRAIRIE CLASSIQUE DE CH. FOURAUT, ÉDITEUR
16, rue Hautefeuille | 47, rue Saint-André-des-Arts

PARIS

(1)   QUESTIONNAIRE :

Qu'est-ce qu'un verbe?..........	C'est un mot qui signifie que l'on est ou que l'on fait quelque chose.
Comment connait-on qu'un mot est un verbe?...............	Quand on peut placer devant ce mot les pronoms *je, tu, il, nous, vous, ils*.
Combien compte-t-on de sortes de verbes?..............	Deux : le verbe substantif et les verbes adjectifs ou attributifs.
Qu'est-ce que le verbe substantif?...	Le verbe *substantif*, aussi appelé verbe *essentiel*, est celui qui subsiste par lui-même sans le secours d'un attribut. Ce verbe unique est le verbe *être*.
Qu'appelle-t-on verbes attributifs?..	Ce sont des verbes qui sont formés du verbe *être* et d'un *attribut*, comme *chanter* qui équivaut à *être chantant*.
Combien compte-t-on de sortes de verbes attributifs?..........	Cinq : le verbe *actif* ou *transitif* qui exprime une action faite par le sujet et qui a un complément direct, comme *nous* AIMONS *Dieu*; le verbe *passif* qui exprime une action reçue ou soufferte par le sujet, comme *nous* SOMMES AIMÉS *de Dieu*; le verbe *neutre* ou *intransitif* qui exprime un état ou une action, mais qui n'a pas de complément direct, comme *Dieu* EXISTE, *nous* MARCHONS; le verbe *réfléchi* ou *pronominal* qui est toujours accompagné d'un pronom de la même personne que le sujet, comme *nous nous* FLATTONS; enfin le verbe *impersonnel* ou *unipersonnel* qui ne s'emploie qu'à la 3ᵉ personne, comme *il* FAUT, *il* IMPORTE. (Voir la suite au verso de la couverture.)

(1) Le Maître devra revenir souvent sur ces questions, et leur donner les développements qu'il croira nécessaires selon le degré d'avancement et d'intelligence de l'élève. Il devra également s'assurer que les remarques consignées à la fin de chaque verbe, sur les 4 conjugaisons, sont suffisamment comprises.

Verbe _____(1)_____ (2) Conjugaison en _____(3)____ 1

1ᵉʳ MODE. INDICATIF. Présent.	_____ Passé indéfini.	_____ Futur.
_____ Imparfait.	_____ Passé antérieur.	_____ Futur antérieur.
_____ Passé défini.	_____ Plus-que-parfait.	2ᵉ MODE. CONDITIONNEL. Présent.

(1) Indiquer le Verbe. — (Déposé conformément à la loi). — (2) 1ᵉʳ, 2ᵉ, 3ᵉ ou 4ᵉ. — (3) En *er* — *ir* — *oir* ou *re*.

2 Suite du Verbe _____ Fait le _____ 186__

CONDITIONNEL. Passé.	4ᵉ MODE. SUBJONCTIF. Présent ou Futur.	Plus-que-parfait.
Second Passé.	Imparfait.	5ᵉ MODE. INFINITIF. Présent.
		Passé.
		Participe présent.
3ᵉ MODE. IMPÉRATIF.	Passé.	Participe passé.
		Remarq. sur les Verbes de la 1ʳᵉ Conjug.
		1° Les verbes en *cer* comme *tracer* prennent une cédille sous le *ç* toutes les fois que cette lettre se trouve devant *a* et *o*. Je *traçais*, nous *traçâmes*, etc. — 2° Les verbes en *ger* comme *manger* prennent un *e* muet après le *g* devant *a* et *o*. Je *mangeais*, nous *mangeâmes*, vous *mangeâtes*, etc.

(*Propriété des Éditeurs*).

Verbe _____(1)_____ (2) _____ Conjugaison en (3) _____ 3

1ᵉʳ MODE. **INDICATIF.** Présent.	_____ Passé indéfini.	_____ Futur.
_____ Imparfait.	_____ Passé antérieur.	_____ Futur antérieur.
_____ Passé défini.	_____ Plus-que-parfait.	2ᵉ MODE. **CONDITIONNEL.** Présent.

(1) Indiquer le Verbe. — (2) 1ʳᵉ, 2ᵉ, 3ᵉ ou 4ᵉ. — (3) En *er* — *ir* — *oir* ou *re*.

4 Suite du Verbe .... Fait le .... 186__

CONDITIONNEL. Passé.	4ᵉ MODE. SUBJONCTIF. Présent ou Futur.	Plus-que-parfait.

Second Passé.	Imparfait.	5ᵉ MODE. INFINITIF. Présent.
		Passé.
		Participe présent.

3ᵉ MODE. IMPÉRATIF.	Passé.	Participe passé.

Remarq. sur les Verbes de la 1ʳᵉ Conjug.

Les verbes en *eler*, *eter*, comme *appeler*, *jeter*, doublent la consonne devant un *e* muet. J'appelle —ils jettent.— Les verbes geler, celer, bourreler, acheter, écarteler, harceler, marteler, modeler, peler, épousseter, étiqueter, béqueter, etc., ne doublent pas la consonne finale. — Si la consonne est précédée d'un *é* fermé, cette consonne ne se double pas : *répéter, je répète, décréter, je décrète,* etc., l'*é* fermé se change en *è* ouvert.

Verbe [1] _____ [2] *Conjugaison en* [3] _____ 5

1ᵉʳ MODE. INDICATIF. Présent.	_____ Passé indéfini.	_____ Futur.

_____ Imparfait.	_____ Passé antérieur.	_____ Futur antérieur.

_____ Passé défini.	_____ Plus-que-parfait.	2ᵉ MODE. CONDITIONNEL. Présent.

(1) Indiquer le Verbe.   (2) 1ʳᵉ, 2ᵉ, 3ᵉ ou 4ᵉ. — (3) En *er* — *ir* — *oir* ou *re*.

6 Suite du Verbe _____ Fait le _____ 186_

CONDITIONNEL. Passé.	4ᵉ MODE. SUBJONCTIF. Présent ou Futur.	Plus-que-parfait.
Second Passé.	Imparfait.	5ᵉ MODE. INFINITIF. Présent.
		Passé.
		Participe présent.
3ᵉ MODE. IMPÉRATIF.	Passé.	Participe passé.

Remarq. sur les Verbes de la 1ʳᵉ Conjug.

Les verbes terminés en *ayer* comme *payer*, conservent l'*y* ou le changent en *i* devant un *e* muet : *je paye* ou *je paie*.

Rem. Dans ces verbes on place un *i* après l'*y* à la 1ʳᵉ et à la 2ᵉ personne du pluriel de l'impart. de l'ind. et du présent du subjonct. : *nous payions — que vous payiez*. Dans les verbes en *oyer* et en *uyer* comme *noyer*, *ennuyer*, etc., on change toujours l'*y* en *i* devant un *e* muet : *je noie, je m'ennuie*.

Verbe (1) .... (2) *Conjugaison en* (3) 7

1ᵉʳ MODE. INDICATIF. Présent.	―――――― Passé indéfini.	―――――― Futur.
―――――― Imparfait.	―――――― Passé antérieur.	―――――― Futur antérieur.
―――――― Passé défini.	―――――― Plus-que-parfait.	2ᵉ MODE. CONDITIONNEL. Présent.

(1) Indiquer le Verbe.   (2) 1ʳᵉ, 2ᵉ, 3ᵉ ou 4ᵉ. — (3) En *er* — *ir* — *oir* ou *re.*

8. Suite du Verbe — Fait le ____ 186_

CONDITIONNEL. Passé.	4ᵉ MODE. SUBJONCTIF. Présent ou Futur.	Plus-que-parfait.

Second Passé.	Imparfait.	5ᵉ MODE. INFINITIF. Présent.
		Passé.
		Participe présent.

3ᵉ MODE. IMPÉRATIF.	Passé.	Participe passé.

Remarq. sur les Verbes de la 1ʳᵉ Conjug.

Les verbes terminés à l'infinitif par *ier* comme *lier, prier*, etc., prennent 2 *i* à la 1ʳᵉ et à la 2ᵉ pers. plurielle de l'imparfait de l'ind. et du présent du subjonct. : *nous priions, que vous priiez*—Le participe passé *créé* se termine par 2 *é* fermés. Ces 2 *é* fermés sont suivis d'un e muet au fém. *créée*.

Verbe (1) _____ (2) Conjugaison en (3) _____ 9

1ᵉʳ MODE. INDICATIF. Présent.	Passé indéfini.	Futur.
Imparfait.	**Passé antérieur.**	**Futur antérieur.**
Passé défini.	**Plus-que-parfait.**	**2ᵉ MODE. CONDITIONNEL. Présent.**

(1) Indiquer le Verbe. — (2) 1ʳᵉ, 2ᵉ, 3ᵉ ou 4ᵉ. — (3) En *er* — *ir* — *oir* ou *re*.

10 _Suite du Verbe_ _____ _Fait le_ _____ 186__

____ CONDITIONNEL. Passé.	4ᵉ MODE. SUBJONCTIF. Présent ou Futur.	_____ Plus-que-parfait.
_____ Second Passé.	_____ Imparfait.	5ᵉ MODE. INFINITIF. Présent.
		_____ Passé.
		_____ Participe présent.
3ᵉ MODE. IMPÉRATIF.	_____ Passé.	_____ Participe passé.

Remarq. sur les Verbes de la 2ᵉ Conjug.

Le verbe *bénir* a deux participes passés : *bénit, bénite* quand il s'agit de choses consacrées par les prières de l'église : *Pain bénit — Eau bénite;* et *béni, bénie* dans tout autre cas : *Famille bénie de Dieu.*

Verbe (1) _____ (2) **Conjugaison en** (3) _____ 11

1ᵉʳ MODE. INDICATIF. Présent.	Passé indéfini.	Futur.
Imparfait.	Passé antérieur.	Futur antérieur.
Passé défini.	Plus-que-parfait.	2ᵉ MODE. CONDITIONNEL. Présent.

(1) Indiquer le Verbe. — (2) 1ʳᵉ, 2ᵉ, 3ᵉ ou 4ᵉ. — (3) En *er* — *ir* — *oir* ou *re*.

__12__ _Suite du Verbe_ _____ _Fait le_ _____ _186_

CONDITIONNEL. Passé.	4ᵉ MODE. SUBJONCTIF. Présent ou Futur.	Plus-que-parfait.
Second Passé.	Imparfait.	5ᵉ MODE. INFINITIF. Présent.
		Passé.
		Participe présent.
3ᵉ MODE. IMPÉRATIF.	Passé.	Participe passé.

Remarq. sur les Verbes de la 2ᵉ Conjug.

Le verbe *fleurir* a deux participes présents et deux imparfaits de l'indicatif : *fleurissant, il fleurissait,* quand il s'agit de donner des fleurs : *cet arbre fleurissait avant les autres.* — Au figuré, il fait *florissant, florissait.* — *Un empire florissant.*

Verbe ⁽¹⁾ _____ ⁽²⁾ Conjugaison en ⁽³⁾ _____ 13

1ᵉʳ MODE.

2ᵉ MODE.

(1) Indiquer le Verbe.   (2) 1ᵉʳ, 2ᵉ, 3ᵉ ou 4ᵉ. — (3) En *er* — *ir* — *oir* ou *re*.

14 _Suite du Verbe_ .... _Fait le_ 186

4° MODE.

5° MODE.

3° MODE.

Remarq. sur les Verbes de la 2° Conjug.

Haïr s'emploie sans tréma aux 3 personnes singulières du présent de l'indicatif : *je hais, tu hais, il hait,* et à la seconde personne du singulier de l'impératif : *hais.* — On prononce comme si c'était écrit : *je hés, tu hés*. etc.

Verbe ⁽¹⁾ .... ⁽²⁾ Conjugaison en ⁽³⁾ 13

1ᵉʳ MODE.		
		2ᵉ MODE.

(1) Indiquer le Verbe.   (2) 1ʳᵉ, 2ᵉ, 3ᵉ ou 4ᵉ. — (3) En *er* — *ir* — *oir* ou *re*.

16 Suite du Verbe — Fait le ____ 186_

4ᵉ MODE.

5ᵉ MODE.

3ᵉ MODE.

Remarq. sur les Verbes de la 3ᵉ Conjug.

Devoir et *redevoir* prennent au participe passé masculin singulier un accent circonflexe : *dû — redû*, ce qui empêche de confondre le participe *dû* avec l'art. contracté *du*. Au féminin l'accent disparaît : *une somme due*.

Verbe .... Conjugaison en _____ 17

18   *Suite du Verbe* _____ *Fait le* _____ 186_

Remarq. sur les Verbes de la 4ᵉ Conjug.

Les verbes terminés à l'infinitif par *indre* ou par *oudre* comme *craindre, peindre, joindre, absoudre*, perdent le *d* au présent de l'indicatif et à l'impératif : *Je crains, tu peins, il joint, absous*. — La 3ᵉ personne du singulier se termine par un *t*.

Verbe .... Conjugaison en 19

20 Suite du Verbe — Fait le — 186

Remarq. sur les Verbes de la 4ᵉ Conjug.

Battre et les verbes terminés à l'infinitif par ttre ne conservent qu'un t aux 3 personnes singulières du présent de l'indicatif : Je bats, tu admets, il promet. Dire fait dites : vous dites et non vous disez. Médire fait médisez : vous médisez quelquefois.

Qu'appelle-t-on verbes auxiliaires ?	Ce sont les verbes *être* et *avoir*, parce qu'ils servent à conjuguer les autres.
Qu'appelle-t-on verbes défectifs ou défectueux ?	Ceux qui manquent de quelques temps ou de quelques modes.
Qu'appelle-t-on conjuguer ?	C'est écrire ou réciter les différents modes d'un verbe avec ses temps, ses nombres et ses personnes.
Qu'est-ce qu'un mode ?	C'est la manière d'exprimer l'état ou l'action indiquée par le verbe. Il y a cinq modes : l'INDICATIF qui exprime cet état ou cette action d'une manière positive et absolue : *je chante* ; le CONDITIONNEL qui l'exprime moyennant une condition : *je chanterais si je pouvais* ; l'IMPÉRATIF qui l'exprime sous forme de commandement : *chantez* ; le SUBJONCTIF qui l'exprime d'une manière subordonnée : *je désire qu'il chante* ; l'INFINITIF qui l'exprime d'une manière indéterminée : *chanter*. Ce mode est appelé *impersonnel*.
Qu'est-ce que le temps ?	C'est la forme que prend le verbe pour indiquer à quelle partie de la durée (*présent, passé, futur*) se rapporte l'état ou l'action qu'il exprime. Ces 3 temps généraux se subdivisent en 7 temps secondaires : l'IMPARFAIT, le PASSÉ DÉFINI, le PASSÉ INDÉFINI, le PASSÉ ANTÉRIEUR et le PLUS-QUE-PARFAIT, appartenant au *passé*, le FUTUR et FUTUR ANTÉRIEUR appartenant au *futur*. Le *présent* n'a pas de subdivision.
Qu'est-ce que le nombre ?	C'est la forme que prend le verbe pour indiquer son rapport avec le sujet singulier ou le sujet pluriel. — Le *singulier*, quand il est question d'une seule personne, comme *je lis*, *l'enfant dort* ; le pluriel quand il est question de plusieurs personnes, comme *nous lisons, les enfants dorment*.
Qu'appelle-t-on personne ?	C'est la forme que prend le verbe pour indiquer son rapport avec la 1re, la 2e ou la 3e personne. Il y a ainsi 3 personnes : la 1re est celle qui parle : *je chante* ; la 2e celle à qui l'on parle : *tu chantes* ; et la 3e celle de qui l'on parle : *il chante*. Au pluriel ces 3 personnes sont : 1re, *nous chantons* ; 2e, *vous chantez* ; 3e, *ils chantent*.
De quoi se compose un verbe ?	Un verbe se compose du *radical* (1re partie, invariable de sa nature) et de la *terminaison* (dernière partie qui varie selon le mode, le temps, le nombre et la personne).
Combien compte-t-on de conjugaisons ?	Quatre qui se distinguent par la terminaison de l'infinitif. La première a l'infinitif terminé en ER, comme *chanter* ; — la deuxième en IR, comme *finir* ; — la troisième en OIR, comme *recevoir* ; — la quatrième en RE, comme *rendre*.
Qu'appelle-t-on temps primitifs ?	On appelle temps primitifs d'un verbe, ceux qui servent à former les autres. On en compte 5 : le *présent de l'infinitif*, le *participe présent*, le *participe passé*, le *présent de l'indicatif* et le *passé défini*.
Qu'appelle-t-on temps dérivés ?	Ceux qui sont formés des temps primitifs (Indiquer ici les temps dérivés, formés par chacun des temps primitifs).
Qu'appelle-t-on verbes réguliers et verbes irréguliers ?	On appelle verbes *réguliers* ceux qui, dans la formation de leurs temps, suivent les règles générales, et *irréguliers* ceux qui ne suivent pas ces règles.

www.ingramcontent.com/pod-product-compliance
Lightning Source LLC
Chambersburg PA
CBHW070500080426
42451CB00025B/2961